Analiser L'éducation du Travail dans Ruth

L'éducation au Travail dans la Bible, Volume 7

Sermons Bibliques

Published by Seminit Publications, 2023.

While every precaution has been taken in the preparation of this book, the publisher assumes no responsibility for errors or omissions, or for damages resulting from the use of the information contained herein.

ANALISER L'ÉDUCATION DU TRAVAIL DANS RUTH

First edition. June 26, 2023.

Copyright © 2023 Sermons Bibliques.

Written by Sermons Bibliques.

Table des Matières

J'ai fait confiance à l'homme et j'ai été trompé, mais mon Dieu ne m'a jamais refusé la demande que je lui ai faite, lorsque j'ai appuyé cette demande sur la foi en sa volonté de m'écouter et sur l'assurance de sa promesse.

La raison pour laquelle nous avons été vaincus et que nos bannières traînent dans la poussière, c'est que nous n'avons pas prié.

— *Charles Spurgeon*

RUT
Colección Libros Históricos
Sermones Bíblicos
HERMANOS EN LA FE

Introduction au livre de Ruth

Le livre de Ruth raconte l'histoire extraordinaire de la fidélité de Dieu à Israël dans la vie et l'œuvre de trois personnes ordinaires : **Naomi, Ruth et Boaz.** Dans leur travail au milieu des difficultés économiques et de la prospérité, nous voyons clairement la main de Dieu à l'œuvre dans leur production agricole, dans leur gestion généreuse des ressources pour le bien de tous, dans leur respect mutuel, dans leur créativité pour les besoins et l'éducation de leurs enfants, dans le processus de conception et de croissance. Tout au long de l'histoire, la fidélité de Dieu à leur égard a créé des opportunités de travail productif, et leur dévouement à Dieu a apporté des bénédictions de provision et de sécurité à eux et à ceux qui les entourent.

Les événements de Ruth se déroulent pendant la fête de la moisson de l'orge (**Ruth 1:22 ; 2:17, 23 ; 3:2, 15, 17**), qui célèbre le lien entre la bénédiction de Dieu et le travail de l'homme. L'origine de cette fête se trouve dans deux passages de la Torah :

Récolte les premiers fruits de ton travail, que tu as semés dans les champs, et tu célébreras cette fête (**Exode 23:16** *; italiques*).

Vous célébrerez la fête des semaines, et vous présenterez à l'Éternel, votre Dieu, votre offrande volontaire, car l'Éternel, votre Dieu, vous a bénis. Réjouissez-vous devant l'Éternel, votre Dieu, vous, vos fils et vos filles, vos serviteurs et vos servantes, les Lévites qui habitent dans vos villes, l'étranger et l'étrangère, l'orphelin et la veuve. Le lieu où l'Éternel, ton Dieu, choisira d'apposer son nom. Tu te souviendras que tu as été esclave en Égypte ; garde-toi de ces lois (Deutéronome 16:10-12 ; italiques ajoutés).

Ensemble, ces passages constituent le fondement théologique des événements du livre de Ruth.

1. La bénédiction de Dieu est la source de la productivité humaine ("*comme le Seigneur ton Dieu t'a béni*").
2. Dieu accorde sa bénédiction à la productivité par le biais du travail humain ("*le fruit du travail*").
3. Dieu exige des opportunités de travail et de productivité pour les pauvres et les vulnérables ("*étrangers, orphelins et veuves*") ("*Vous vous souviendrez que vous avez été esclaves en Égypte*" est une allusion à l'émancipation lorsque son peuple était esclave en Égypte, à la provision de Dieu pour eux dans le désert et dans le pays de Canaan).
En bref, la productivité du travail humain est une extension de l'œuvre de Dieu dans le monde. En outre, les bénédictions de Dieu sur le travail humain sont étroitement liées à la mission de Dieu de fournir généreusement de la nourriture à ceux qui ne peuvent pas subvenir à leurs besoins. Ces principes constituent la

base du livre de Ruth. Ce livre n'est pas un traité religieux, mais une histoire, et cette histoire est passionnante.

Le malheur frappe la famille de Ruth et Naomi (Ruth 1:1-22)

L'histoire s'ouvre sur une famine au *"jour des Juges"* (**Ruth 1:1**). A cette époque, les Israélites avaient abandonné l'enseignement de Dieu et avaient plongé dans l'idolâtrie, dans des conditions sociales désastreuses et dans une guerre civile désastreuse, comme le racontent les premiers chapitres de la Bible chrétienne, Ruth, Juges (en ordonnant que ces livres soient différents dans la Bible). En fait, Israël n'a pas obéi à l'interdiction de la Torah concernant le travail ou quoi que ce soit d'autre. De ce fait, la nation a perdu la bénédiction de Dieu, comme beaucoup l'ont reconnu, y compris Naomi (**Ruth 1:13, 20-21**). Cela a conduit à la désintégration de la structure socio-économique et à la destruction du pays par la famine.

En réponse à la famine, Elimelech, sa femme Naomi et leurs deux fils s'installent à Moab (une décision à prendre à la légère, compte tenu de l'hostilité de longue date entre Israël et Moab). Ils pensaient qu'ils auraient plus de chances d'être productifs dans ce pays. Nous ne savons pas s'ils ont réussi à trouver du travail là-bas, mais nous savons que les fils ont trouvé leurs femmes. Cependant, en l'espace de dix ans, ils ont dû endurer une tragédie sociale et économique : la mort des trois fils a laissé Naomi et ses deux belles-filles veuves (**Ruth 1:3-5**). Trois veuves ont dû subvenir à leurs besoins sans les droits juridiques et économiques que la société confère aux hommes. En bref, elles n'ont pas de mari, pas de terre et pas de ressources pour subvenir à leurs besoins. La complainte de Naomi reflète la gravité de sa situation : *"Appelez-moi Mara [amertume], car les actions du Tout-Puissant m'ont remplie d'amertume"* (**Ruth 1:20**).

Outre les étrangers et les orphelins, les veuves font également l'objet d'une attention considérable dans la législation israélienne. Privées de la protection et du soutien de leur mari, elles sont des cibles faciles pour les abus et l'exploitation économiques et sociaux. Nombre d'entre elles ont recours à la prostitution pour survivre, ce qui est également courant parmi les femmes vulnérables d'aujourd'hui. Naomi était non seulement veuve, mais aussi étrangère, originaire de Moab. Mais si elle retournait à Bethléem avec sa belle-fille, les filles seraient veuves et étrangères en Israël. Peut-être en raison de la vulnérabilité à laquelle elles étaient confrontées où qu'elles se trouvent, Noémi les a exhortées à retourner dans la maison de leurs pères et a prié pour que le Dieu d'Israël leur accorde la sécurité dans la maison de leurs maris (moabites) (**Ruth 1:8-9**). Cependant, Ruth, l'une des belles-filles, n'a pas supporté de se séparer de Noémi, quelle que soit l'adversité. Ce qu'elle dit à sa belle-mère témoigne de son amour profond et de sa loyauté envers elle :

"N'insistez pas pour que je vous quitte ou que je cesse de vous suivre ; car là où vous allez, j'irai ; là où vous vivez, je vivrai. Ton peuple est mon peuple, et ton Dieu est mon Dieu... Là où tu es morte, je suis morte, et c'est là que j'ai été enterrée". (**Ruth 1:16-17**).

La vie peut être dure, et ces femmes sont confrontées aux pires difficultés.

La grâce de Dieu est la racine de l'efficacité humaine (Ruth 2:1-4)

La Bible décrit Dieu comme un travailleur divin qui est la référence du travail humain. La Bible commence par montrer le travail de Dieu : parler, créer, former, construire. Tout au long de la Bible hébraïque, Dieu n'apparaît pas seulement comme sujet après de nombreux verbes de *"travail"*, mais il est souvent comparé à un *"ouvrier"*. Dans la version de l'Exode des dix commandements, le commandement du sabbat inscrit le modèle de travail d'Israël (6 + 1) dans le modèle divin (**Exode 20:9-11**). Mais les difficultés ne sont pas synonymes de désespoir aux yeux de Dieu. Bien que les Israélites aient oublié leur alliance avec Dieu et qu'ils aient subi les conséquences d'un effondrement social et économique, Dieu est resté fidèle à son peuple. Il y a longtemps, Dieu avait promis à Abraham : *"Je rendrai ta descendance très nombreuse, des royaumes s'établiront à partir de toi, et des rois sortiront de toi"* (**Genèse 17:6**). Malgré l'infidélité de son peuple, le Seigneur a accompli sa promesse en rétablissant la productivité agricole d'Israël (**Ruth 1:6**). Après avoir appris cela, Naomi décide de retourner à Bethléem pour chercher de la nourriture. Ruth fait ce qu'on lui dit et l'accompagne, prévoyant de trouver un travail pour subvenir à ses besoins et à ceux de Noémi. Au fil de l'histoire, les bénédictions de Dieu se déversent sur elles deux, et finalement sur toute l'humanité, grâce au travail de Ruth et à ses fruits.

La loyauté de Dieu envers nous est la clé de toute performance

Bien qu'il n'y ait pas d'intervention miraculeuse dans le livre de Ruth, la main de Dieu est clairement présente. Dans cette histoire, Dieu est à l'œuvre en permanence, en particulier à travers les actions de personnes fidèles. Tout au long de la Bible hébraïque, non seulement nous voyons Dieu à l'œuvre de diverses manières, mais Israël est tenu de travailler selon le modèle de Dieu (**Exode 20:9-11**). Cela signifie que Dieu agit directement et par l'intermédiaire de personnes.

Les protagonistes reconnaissent Dieu comme le fondement de leur œuvre par la manière dont ils se bénissent les uns les autres et par leurs déclarations de foi. Certaines de ces expressions sont des louanges de ce que Dieu a fait (*il n'a pas manqué de montrer sa bonté*, **Ruth 2:20** ; il a *offert un parent rédempteur*, **Ruth 4:14**). D'autres demandes concernent des bénédictions (**Ruth 2:4, 19 ; 3:10**), la présence (**Ruth 2:4**) ou la bonté divine (**Ruth 1:8**). Le troisième groupe contient des demandes plus spécifiques : que Dieu accorde le repos (**Ruth 1,9**) et qu'il rende Ruth semblable à Rachel et Léa (**Ruth 4,11-12**). La bénédiction de Ruth 2,12 est particulièrement significative : "Que l'*Eternel récompense ton travail, et de la part de l'Eternel, le Dieu d'Israël, en qui tu as mis ta confiance, ta récompense sera abondante*". Garantie des services rendus par le peuple.

Ruth voulait la bénédiction de Dieu pour la productivité, soit de la part de Dieu lui-même (**Ruth 2:12**), soit par l'intermédiaire de quelqu'un qui "*a trouvé grâce à ses yeux*" (**Ruth 2:2**). Bien que Moabite, elle était mieux informée que beaucoup d'Israélites et reconnaissait la main du Seigneur dans son travail.

L'une des bénédictions les plus importantes de Dieu dans cette histoire est le don d'une terre fertile à Boaz (**Ruth 2:3**). Boaz était pleinement conscient du rôle de Dieu dans son travail, comme en témoigne la façon dont il a invoqué à plusieurs reprises la bénédiction de Dieu (**Ruth 2:4 ; 3:10**).

Dieu utilise des événements apparemment fortuits pour faciliter l'emploi des personnes.

L'une des façons dont Dieu accomplit sa promesse de productivité est le contrôle qu'il exerce sur les circonstances du monde. La structure particulière de "it *came to pass*" (traduit par "*c'est arrivé*" *dans la* KJV) *dans Ruth 2:3* est intentionnelle. En anglais, nous dirions "*As you wish*". Cependant, il y a de l'ironie dans cette déclaration. Le narrateur utilise intentionnellement une telle expression pour forcer le lecteur à se demander comment Ruth peut se trouver dans la position de quelqu'un qui est non seulement bienveillant (**Ruth 2:2**) mais aussi parent (**Ruth 2:1**). Au fil du récit, nous constatons que l'arrivée de Ruth dans le champ de Boaz est une preuve de la main providentielle de Dieu, tout comme la présence du plus proche parent lorsque Boaz s'assoit à la porte dans le livre de **Ruth. 4:1-2**.

Comme il serait triste d'aller travailler chaque jour en s'attendant à ne réaliser que ce que nous pouvons réaliser nous-mêmes. Nous devons dépendre du travail des autres, des opportunités imprévisibles, des élans de créativité, des bénédictions inattendues. L'une des bénédictions les plus réconfortantes de suivre le Christ est certainement sa promesse que, lorsque nous allons travailler, il marchera avec nous et nous aidera à porter nos fardeaux. "*Prenez mon joug sur vous... car mon joug est facile et mon fardeau est léger*" (**Matthieu 11:29-30**). Bien que Ruth n'ait pas obéi à Jésus, elle a vécu dans la foi que, sous les ailes de Dieu, elle trouverait tout ce dont elle avait besoin (**Ruth 2:12**).

La productivité humaine est le fruit de notre dévotion à Dieu

La fidélité de Dieu envers Israël se reflète dans la fidélité de Ruth envers Naomi. Ruth a promis : *"Là où tu iras, j'irai, et là où tu habiteras, j'habiterai. Ton peuple sera mon peuple, et ton Dieu sera mon Dieu"* (**Ruth 1,16**). La promesse de Ruth n'était pas de consommer passivement les terres restantes d'Elimélek, mais de garder sa belle-mère aussi longtemps que possible. Bien qu'elle ne soit pas israélite, elle semble obéir aux lois d'Israël, telles qu'elles sont exprimées dans le cinquième commandement : "Honore ton père et ta mère". Le retour de sa famille à un travail productif a commencé par son engagement à travailler fidèlement à la loi de Dieu.

Dieu accorde des bénédictions de productivité par le travail des gens (Ruth 2:5-7)

Bien que la fidélité de Dieu soit fondamentale pour la productivité humaine, les gens doivent bien faire leur travail. C'est ce que Dieu a prévu dès le début (**Genèse 1:28 ; 2:5, 15**). Ruth était prête à travailler dur pour subvenir à ses besoins et à ceux de Naomi. Elle l'a supplié en disant : "*Je te prie, laisse-moi aller aux champs*", et lorsqu'elle a eu l'occasion de travailler, ceux qui travaillaient avec elle ont dit qu'"il *était là depuis le matin jusqu'à maintenant ; il ne s'est assis dans la maison que pendant un petit moment*" (**Juges 2:7**). Son travail est très productif. Lorsqu'il rentre à la maison après sa première journée de travail et qu'il décortique l'orge, la récolte est d'un *épha* (**Ruth 2:17**). Cela équivaut à environ cinq gallons d'orge. Dieu et Boaz louent (et récompensent) sa foi et sa diligence (**Ruth 2:12, 17-23 ; 3:15-18**).

À un degré ou à un autre, nous sommes tous exposés à des circonstances qui peuvent rendre difficile ou impossible de gagner sa vie. catastrophes naturelles, licenciements, chômage, préjugés, blessures, maladie, faillite, traitement injuste, restrictions légales, barrières linguistiques, manque de formation ou d'expérience pertinente, âge, sexe, mauvaise gestion économique par le gouvernement ou l'industrie, barrières géographiques, besoin, entre autres, de solidarité parce que les membres de la famille peuvent nous empêcher de travailler pour subvenir à nos besoins et à ceux de ceux qui dépendent de nous. Cependant, Dieu veut que nous travaillions aussi dur que possible (**Exode 20:9**).

Nous sommes appelés à travailler même si nous ne trouvons pas d'emploi qui réponde à nos besoins. Ruth n'avait pas d'emploi stable avec des horaires et un salaire réguliers. Elle s'inquiétait de savoir si elle se portait assez bien pour trouver *"grâce"* sur son lieu de travail (**Ruth 2:13**), et elle n'était pas sûre de gagner assez d'argent pour subvenir aux besoins de sa famille. Pourtant, elle a décidé d'aller travailler. De nombreuses situations auxquelles nous sommes confrontés aujourd'hui sont très accablantes en raison du chômage et du sous-emploi. Si le manque d'emplois hautement qualifiés ne nous offre que des opportunités apparemment insignifiantes, si la discrimination nous empêche d'obtenir les emplois pour lesquels nous sommes qualifiés, si les circonstances nous empêchent de faire des études, alors nous avons besoin d'un bon emploi, même si les conditions semblent décourageantes, l'exemple de Ruth nous dit que nous devons travailler quoi qu'il arrive. Il se peut même que notre travail ne soit pas rémunéré si nous nous portons volontaires pour aider les autres, prendre soin de notre famille, suivre un enseignement ou une formation, ou prendre soin de notre maison.

La grâce salvatrice, c'est que Dieu est la puissance qui sous-tend notre travail. Nous ne dépendons pas de nos propres capacités ou circonstances pour répondre à nos besoins. Au contraire, nous travaillons fidèlement selon nos moyens, sachant que la fidélité de Dieu à ses promesses de productivité nous donne la certitude que notre travail en vaut la peine, même dans les circonstances les plus défavorables. Nous avons rarement la capacité de voir à l'avance comment Dieu utilisera notre travail pour accomplir ses promesses, mais sa puissance dépasse de loin ce que nous pouvons voir.

Pour obtenir la bénédiction divine de la productivité, il faut honorer ses compagnons de travail (Ruth 2:8-16)

Comme l'indique Ruth 2:1, Boaz était *"un homme très riche"*. Cela peut avoir différentes significations aujourd'hui, mais dans le cas de Boaz, cela signifiait qu'il était l'un des meilleurs dirigeants de la Bible. Son style de leadership commence par le respect. Lorsqu'il se rendait dans les champs où ses hommes travaillaient, il les bénissait (*"le Seigneur soit avec vous"*), et ils répondaient avec gentillesse (*"le Seigneur vous bénisse"* **Ruth 2 : 4**). Le lieu de travail de Boaz est inhabituel à bien des égards. Il possède et gère une entreprise qui dépend des personnes qu'il embauche. Il contrôle l'environnement de travail d'autres personnes. Dans de nombreux environnements de travail où les superviseurs et les patrons rabaissent leurs employés et où les employés manquent de respect à leurs patrons, Boaz favorise une relation de confiance et de respect mutuel.

Boaz respectait ses ouvriers, leur fournissait de l'eau pendant qu'ils travaillaient (**Ruth 2:9**), mangeait avec eux et, surtout, partageait sa nourriture avec les plus petits (**Ruth 2:14**). Ensuite, au moment de la moisson, Boaz, le propriétaire terrien, et ses moissonneurs ont séparé le grain de l'ivraie et se sont couchés avec eux dans le champ (**Ruth 3:2-4, 14**).

L'approche sensible de Boaz à l'égard des femmes étrangères sur le lieu de travail montre qu'il considère chaque personne comme une image de Dieu (**Genèse 1:27 ; Proverbes 14:31 ; 17:5**). La voyant parmi les ouvriers, il demande gentiment : "*De qui est-elle la dame ?*" (**Ruth 2:5**), supposant qu'elle est avec un homme ou dépend d'un homme, soit comme épouse, soit comme fille, peut-être le propriétaire d'un champ voisin. Étonnamment, lorsqu'il apprend qu'il s'agit d'une Moabite revenant de son pays avec Naomi (**Ruth 2,6**) et demandant la permission de glaner après les moissonneurs (**Ruth 2,7**), ses premiers mots sont : " *Écoute, ma fille* " (**Ruth 2,8**). Partager sa nourriture avec une étrangère (**Ruth 2:14**) est un acte plus important qu'il n'y paraît. Les hommes nobles qui possédaient des terres n'avaient pas l'habitude de parler à des femmes étrangères, comme Ruth elle-même l'a fait remarquer (**Ruth 2:10**). Un homme plus intéressé par l'image sociale et les opportunités commerciales que par l'empathie envers ceux qui sont dans le besoin pourrait saisir la première occasion pour chasser les envahisseurs moabites de ses champs. Cependant, quelle que soit la réaction des autres, Boaz est heureux de soutenir les travailleurs vulnérables.

En fait, c'est dans cette histoire que l'on trouve la première politique documentée au monde contre le harcèlement sexuel sur le lieu de travail. Boaz savait peut-être que de nombreux propriétaires terriens et ouvriers étaient violents, et c'est peut-être pour cette raison qu'il a dit à Ruth qu'il avait ordonné à ses hommes de ne pas la toucher (**Ruth 2:9**). Naomi a dit : "*Ma fille, tu ferais mieux de sortir avec ses servantes, de peur d'être maltraitée ailleurs*" (**Ruth 2:22**), ce qui indique qu'elle craignait pour la sécurité de sa belle-fille. Les conditions de la politique de Boaz sont claires :

1. Les travailleurs ne sont pas autorisés à "molester" les femmes. Le mot *naga signifie habituellement "toucher"*, mais ici il signifie généralement "*battre, harceler ou abuser*". Booz reconnaît que la façon dont une personne perçoit le toucher d'une autre personne détermine la signification de cette action.

2. Ruth avait le même accès à l'eau (**Ruth 2:9**) et à la table du déjeuner (**Ruth 2:14**). Alors qu'ils partageaient le repas, Boaz invita Ruth à s'asseoir avec lui et ses ouvriers et à tremper un morceau de pain dans son vinaigre (**Ruth 2:14**). Il le lui sert ensuite lui-même jusqu'à ce qu'elle soit très satisfaite. Le choix du verbe *nagash*, "*s'approcher*", montre que, en tant qu'étrangère, Ruth a délibérément et convenablement (selon la coutume) gardé ses distances. La politique de Boaz contre le harcèlement sexuel n'était pas seulement restrictive (elle interdisait certains comportements), mais elle avait aussi une intention positive, ce qui signifie que les réponses de ceux qui risquaient d'être harcelés montraient ce qu'ils pouvaient et ne pouvaient pas faire. Boaz a demandé à Ruth si elle lui apportait la protection dont elle avait besoin et si elle se sentait en sécurité. Elle a montré par son propre exemple comment elle s'attendait à ce que les travailleurs vulnérables soient traités avec respect.

3. Les employés réguliers de Boaz ne doivent pas l'embarrasser (**Ruth 2:15**) ou la réprimander (**Ruth 2:16**). Avec le mot "*interrompre*" du **chapitre 2, section 9,** ces expressions montrent que les brimades prennent de nombreuses formes : physiques,

émotionnelles et verbales. En fait, Boaz a donné un exemple merveilleusement positif avec ses paroles fortes de bénédiction à Ruth (**Ruth 2:12**).

4. Les employés ordinaires doivent essayer de rendre l'environnement de travail de Ruth aussi sûr que possible et l'aider à accomplir ses tâches (**Ruth 2:15-16**). Sur le lieu de travail, la prévention des brimades va au-delà de la création d'un environnement sûr. Il s'agit également d'éliminer les obstacles à la productivité, au progrès et à ses récompenses inhérentes. Boaz aurait pu assurer la sécurité de Ruth en la tenant à l'écart des personnes qui travaillaient là, mais cela l'aurait privée d'accès à la nourriture et à l'eau, et aurait pu l'empêcher de récolter son grain en raison de vents violents ou de tempêtes. animal. Boaz a veillé à ce que la garantie qu'il a créée lui permette de fonctionner pleinement.

Apparemment, les ouvriers de Boaz ont adhéré à son esprit généreux. Lorsque leur chef les a salués en les bénissant, ils ont répondu par une bénédiction (**Ruth 2:4**). Lorsque Boaz a demandé l'identité de la femme qui était apparue dans son champ, le contremaître des ouvriers a reconnu que Ruth était une Moabite, mais sur un ton amical (**Ruth 2:6-7**). Le fait que Ruth ait rapporté à Naomi un *épha* plein de blé prouve que les ouvriers ont répondu positivement à l'ordre de Boaz de bien traiter Ruth. Apparemment, ils ont non seulement récolté beaucoup de grain pour elle, mais ils ont aussi accepté la Moabite comme leur collègue de travail pendant la moisson (**Ruth 2:21-23**).

L'impact positif de la direction de Boaz s'étend au-delà du lieu de travail. Lorsque Noémi a vu les résultats des efforts de Ruth, elle a béni l'employeur qui lui avait donné le travail et a loué Dieu pour sa bonté et sa générosité (**Ruth 2:20**). Plus tard, il est apparu clairement que la bonne réputation de Boaz au sein de la communauté avait contribué à l'harmonie sociale et à la gloire de Dieu (**Ruth 4:11-12**). Tous les dirigeants, voire tous les travailleurs, façonnent la culture dans laquelle ils travaillent. Même si nous pensons que notre culture nous oblige à travailler de manière injuste, insignifiante ou inefficace, la réalité est que notre façon de travailler affecte profondément les autres. Boaz, un homme aisé dans une société corrompue et incrédule (**Ruth 1:1**, où dire "*à l'époque des juges*" revient à dire brièvement qu'il s'agissait d'une société corrompue), a réussi à créer un homme honnête avec une carrière réussie. Les surveillants des moissons développent des pratiques égalitaires dans une société en proie à la misogynie et au racisme (**Juges 19-21**). Malgré les pertes et les difficultés, Ruth et Naomi forment une famille aimante. Lorsque nous nous sentons obligés de nous adapter à un environnement de travail difficile, les promesses fidèles de Dieu peuvent surmonter tous les doutes que nous pouvons avoir sur la culture et la société dysfonctionnelles qui nous entourent.

Dieu exige que les pauvres aient l'occasion de porter des fruits (Ruth 2:17-23)

La manière la plus importante dont Dieu élimine les obstacles à notre productivité est à travers les actions d'autres personnes. Dans le livre de Ruth, nous le voyons dans la manière dont Dieu dirige ses lois vers la société et vers les individus.

La norme divine exige que les personnes pleines de ressources offrent des opportunités économiques aux personnes défavorisées

L'intrigue de Ruth est centrée sur l'acte de collecte, l'un des éléments les plus importants des lois protégeant les pauvres et les personnes vulnérables. *Ces exigences sont énoncées dans le Lévitique, le Deutéronome et l'Exode :*

Récolte ta moisson dans ton champ ; ne fauche pas les coins du champ, et ne ramasse pas le reste de ta moisson. Ne cherche pas ta vigne, et ne ramasse pas les fruits tombés ; tu les laisseras aux pauvres et aux étrangers. Je suis l'Eternel, ton Dieu (**Lévitique 19,9-10**, repris en partie dans **Lévitique 23,22** ; voir Lévitique **19,9-10** dans "*Le Lévitique et le travail*").

Tu moissonnes dans le champ, et une gerbe est oubliée dans le champ, et tu ne reviens pas la ramasser, pour l'étranger, pour l'orphelin et pour la veuve, afin que l'Éternel, ton Dieu, te bénisse dans tout le travail de tes mains. Quand tu secoueras ton olivier, tu ne passeras pas à côté des branches que tu laisseras : elles seront pour l'étranger, pour l'orphelin et pour la veuve. Quand tu moissonneras la vigne, tu ne passeras pas outre ; elle sera pour l'étranger, pour l'orphelin et pour la veuve. Tu te souviendras que tu as été esclave au pays d'Égypte ; c'est pourquoi je t'ordonne de le faire (**Deutéronome 24, 19-22**).

Pendant six ans, tu laboureras ton champ et tu en feras la moisson ; la septième année, tu le laisseras reposer, afin que les pauvres de ton peuple en mangent, et que le reste soit mangé par les bêtes sauvages. Tu feras de même pour ta vigne et ton oliveraie (**Exode 23:10-11** ; voir **Exode 22:21-27 et 23:10-11** dans "*L'Exode et le travail*").

La base de la loi est que tout le monde doit avoir accès aux moyens de production nécessaires pour se nourrir et nourrir sa famille. En général, toutes les familles (à l'exception de la tribu sacerdotale lévitique, qui était soutenue par les dîmes et les offrandes) devaient posséder des terres à perpétuité, qu'elles ne pouvaient jamais perdre (**Nombres 27:5-11 ; 36:5**) - 10 ; **Deutéronome 19:14 ; 27:17 ; Lévitique 25**). Par conséquent, tout le monde en Israël a la possibilité de cultiver de la nourriture. Cependant, les étrangers, les veuves et les orphelins héritaient rarement de terres, ce qui les rendait vulnérables à la pauvreté et aux mauvais traitements. La règle du glanage leur donne la possibilité de se nourrir en récoltant les grains et les produits des coins de leurs champs, ceux qui étaient immatures ou négligés lors de la récolte initiale, et toutes les cultures qui ont poussé dans leurs champs et qui n'ont pas été produites pendant un an. Tous les propriétaires doivent fournir gratuitement les produits récoltés.

Ces passages mettent en évidence les trois principes fondamentaux de la loi du glaneur. La générosité envers les pauvres (1) est une condition préalable à la bénédiction de Dieu sur le travail des gens (**Deutéronome 24:19)**, (2) doit être inspirée par le souvenir de l'expérience d'Israël sous le traitement cruel des maîtres d'esclaves en Egypte (Deutéronome 24:22a), (3) est une question d'obéissance à la volonté de Dieu (**Deutéronome 24:22**). Ces trois motivations sont évidentes dans les actions de Boaz, qui (1) bénit Ruth, (2) lui rappelle la grâce de Dieu envers Israël, et (3) la félicite de s'être remise entre les mains de Dieu (**Ruth 2:12**). Bien que l'on ne sache pas exactement dans quelle mesure l'ancien Israël appliquait les lois de la terre et de la moisson, Boaz les a respectées de manière exemplaire.

Lorsqu'elles sont mises en pratique, les lois sur les revenus constituent un réseau de soutien spécial pour les pauvres et les marginalisés. Nous avons vu que la volonté de Dieu est que les gens reçoivent la bénédiction de la productivité par le travail. C'est exactement ce que font les Gleaners, en offrant une opportunité de travail productif à ceux qui doivent vivre de la mendicité, de la servitude, de la prostitution ou d'autres formes de dépravation. Les glaneurs conservent des compétences, une estime de soi, une santé et des habitudes de travail qui les aideront à être plus productifs dans l'agriculture en général si la possibilité d'un mariage, d'une adoption ou d'un retour dans leur pays d'origine se présente. Les propriétaires ont offert des opportunités, mais pas la possibilité d'exploiter les gens. Il ne s'agit pas de travail forcé. Cet avantage est disponible localement dans tout le pays, sans bureaucratie lourde et facilement corrompue. Cependant, il dépend de la formation du caractère de chaque enseignant qui respecte la loi sur la récupération des déchets, et nous ne devrions pas romancer la situation à laquelle les pauvres étaient confrontés dans l'ancien Israël.

Dans le cas de Boaz, Ruth et Naomi, la loi du glanage a fonctionné comme prévu. S'il n'y avait pas eu la possibilité de glaner, Boaz aurait eu deux options lorsqu'il a appris la pauvreté de Ruth et de Naomi. Il aurait pu les faire mourir de faim ou préparer de la nourriture (du pain) qu'il aurait fait livrer à leur porte. La première solution est inacceptable, mais la seconde les rendra plus dépendantes de Boaz, même si elle soulage leur faim. Cependant, grâce à la possibilité de récolter des épis de blé, Ruth a pu non seulement cultiver les champs, mais aussi fabriquer du pain à partir du grain par ses propres moyens. Ce processus a préservé sa dignité, développé ses talents et ses compétences, l'a libérée, ainsi que Noémi, de dépendances de longue date et les a rendues moins vulnérables à l'exploitation.

Ces aspects de la collection méritent d'être rappelés et débattus vigoureusement dans les débats théologiques, sociaux et politiques d'aujourd'hui sur la pauvreté et les réponses apportées par les secteurs public et privé. Les chrétiens ne sont pas d'accord sur des questions telles que la responsabilité sociale par rapport à la responsabilité personnelle, les moyens privés par rapport aux moyens publics et le partage des bénéfices. Une réflexion approfondie sur le livre de Ruth ne résoudra probablement pas ces divergences, mais elle peut mettre en évidence des objectifs et des intérêts communs. La société moderne n'est peut-être pas à l'aise avec la cueillette des épis au sens littéral de l'agriculture, mais ces éléments peuvent-ils être incorporés dans la manière dont la société s'occupe aujourd'hui des pauvres et des vulnérables ? En particulier, comment donner aux gens l'accès aux moyens de travailler de manière productive, plutôt que de les étouffer par la dépendance ou l'exploitation ?

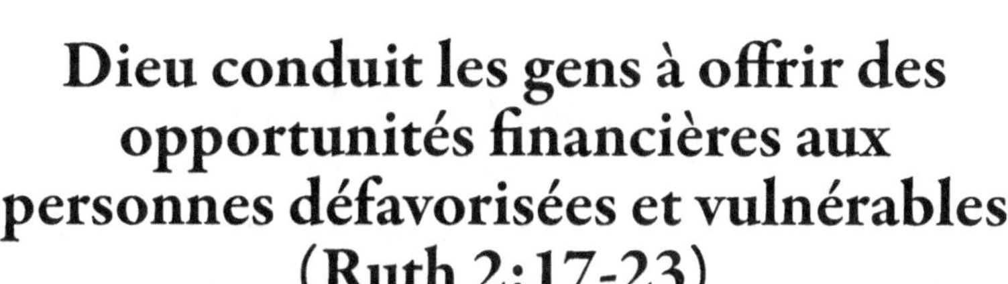

Dieu conduit les gens à offrir des opportunités financières aux personnes défavorisées et vulnérables (Ruth 2:17-23)

Boaz va bien au-delà de ce que la loi prévoit pour les pauvres et les personnes vulnérables. La loi sur le glanage exigeait seulement que les propriétaires terriens laissent une partie de leurs produits dans les champs pour que les étrangers, les orphelins et les veuves puissent les récolter. Cela signifie souvent que les pauvres et les personnes vulnérables effectuent des travaux difficiles, dangereux et inconfortables, tels que la récolte de grains au coin des champs ou dans les grands oliviers. Les produits qu'ils obtiennent ainsi sont souvent de qualité inférieure, comme des raisins et des olives tombés au sol ou pas tout à fait mûrs. Cependant, Boaz ordonne à ses ouvriers d'être actifs et généreux. Ils devaient prendre le bon grain du chaume et le laisser à Ruth pour qu'elle le ramasse. L'intérêt de Boaz n'était pas le moins du monde de suivre les règles, mais de subvenir véritablement aux besoins de Ruth et de sa famille.

De plus, il insiste pour qu'elle glane dans ses champs (en lui permettant, ainsi qu'à Naomi, de garder ce qu'elle récolte, bien entendu) et fait d'elle l'une de ses ouvrières. Non seulement il la laisse entrer dans ses champs, mais il l'intègre à son équipe et veille même à ce qu'elle reçoive une part équitable de la récolte (**Ruth 2:16**).

Comment les chrétiens peuvent-ils imiter Boaz dans un monde où il y a des chômeurs ou des personnes sous-employées qui ont besoin d'un travail dans chaque pays et dans chaque société ? Comment pouvons-nous encourager les gens à utiliser les compétences et les talents que Dieu leur a donnés pour créer des biens et des services qui fournissent des emplois productifs à d'autres ? Comment pouvons-nous façonner le caractère de ceux qui possèdent et gèrent les ressources de la société pour qu'ils soient enthousiastes et créatifs en offrant des opportunités aux pauvres et aux marginalisés ?

Comment ces questions s'appliquent-elles à nous ? Sommes-nous tous riches, même si nous ne le sommes pas autant que Boaz ? Est-il possible et responsable pour la classe moyenne d'offrir des opportunités aux pauvres ? Les pauvres peuvent-ils le faire ? Où Dieu pourrait-il nous amener à apporter ses bénédictions de productivité à d'autres travailleurs et travailleurs potentiels ?

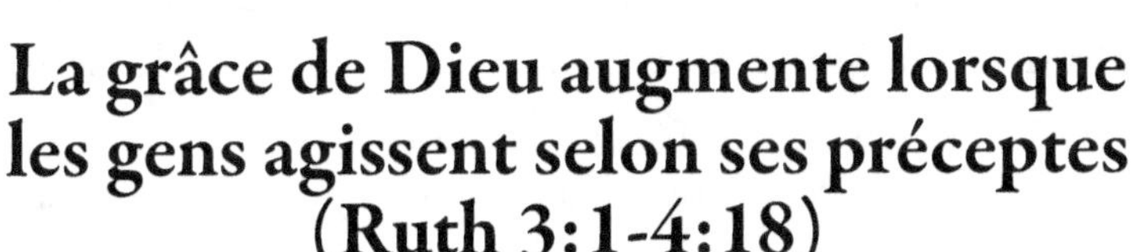

La grâce de Dieu augmente lorsque les gens agissent selon ses préceptes (Ruth 3:1-4:18)

Dans l'épisode où nous voyons Ruth récolter le blé dans les champs de Boaz, elle fait preuve de compassion et de générosité tout en donnant un exemple remarquable de réconciliation raciale. Cela soulève la question de savoir pourquoi Boaz avait un cœur si tendre pour Ruth et pourquoi il a créé un environnement dans lequel tout le monde, y compris les femmes moabites, pouvait se sentir à l'aise. Selon Boaz lui-même, Ruth représentait la noblesse et la dévotion au vrai Dieu (**Ruth 2:10-11**). C'est pourquoi il lui dit : *"Que le Seigneur récompense ton travail, que tu sois pleinement récompensée par le Seigneur, le Dieu d'Israël, sous les ailes duquel tu t'es réfugiée"* (**Ruth 2,12**). Bien qu'elle soit née à Moab, elle avait décidé de chercher le salut auprès du Dieu d'Israël (**Ruth 1:16**). Boaz a reconnu que les ailes de Dieu étaient sur elle et il était prêt à être l'instrument de la bénédiction de Dieu sur elle. En s'occupant d'une étrangère défavorisée, Boaz a honoré le Dieu d'Israël. Comme le dit un proverbe israélien : *"Celui qui opprime le pauvre déshonore son créateur, mais celui qui fait preuve de miséricorde envers l'indigent honore son créateur"* (**Proverbes 14:31** ; voir aussi **Proverbes 17:5**). Des siècles plus tard, l'apôtre Paul a exprimé ce thème : *"Profitons donc de* *l'occasion qui nous est donnée de faire du bien à tous, mais surtout à ceux qui sont de la maison de la foi"* (**Galates 6:10**).

Au fur et à mesure que l'histoire progresse, Boaz commence à voir en Ruth plus qu'une travailleuse acharnée et la belle-fille fidèle de Naomi. Avec le temps, il étend les ailes de son manteau sur Ruth (**Ruth 3:9**), une métaphore appropriée pour le mariage, reflétant l'amour et l'engagement que les ailes de Dieu représentent. Cette histoire d'amour comporte un aspect de travail, puisqu'il s'agit de propriété. Noémi a encore certains droits sur la terre qui appartenait à son défunt mari et, selon la loi israélienne, ses proches parents ont le droit d'acquérir la terre en l'épousant et en la gardant dans la famille. Naomi mentionne Boaz comme parent de son mari (**Ruth 2:1**), qui est en fait le deuxième à recevoir ce droit. Elle fait part de ses droits à son parent le plus proche, mais lorsque celui-ci apprend que l'acquisition de la terre implique de ramener Ruth la Moabite chez elle, il décide de renoncer à ses droits (**Ruth 4:1-6**).

Au contraire, Boaz était heureux d'être choisi par Dieu pour faire grâce à cette femme, même si elle était considérée comme socialement, économiquement et racialement inférieure (**Ruth 4:1-12**). En exerçant son droit de rachat, il n'a pas épousé la vieille Naomi par commodité, mais il a épousé Ruth par amour et par respect, après avoir obtenu le consentement de Naomi. En épousant cette Moabite, il accomplit à sa manière l'une des promesses faites par Dieu à Abraham, à savoir que *"toutes les nations de la terre seront bénies en ta postérité"* (**Genèse 22:18**). Il a également acquis davantage de biens, dont on peut supposer qu'il les a gérés de manière aussi productive et généreuse que ceux qu'il possédait déjà, préfigurant ainsi les paroles du Christ *"on lui ajoutera encore"* (**Marc 4:25**). Comme nous le verrons bientôt, il est tout à fait approprié que Boaz soit l'image préfigurée de Jésus. En cours de route, les événements de l'histoire nous en apprennent davantage sur la façon dont Dieu fait le bien dans le monde.

ANALISER L'ÉDUCATION DU TRAVAIL DANS RUTH 37

Dieu agit par le biais du courage humain (Ruth 3:1-18)

Par nécessité, Naomi a de nouveau provoqué une cour entre Boaz et Ruth, repoussant les limites de la tradition. Elle envoie Ruth à l'aire de battage de Boaz, la nuit, pour qu'elle se découvre les pieds et se couche (**Ruth 3:4**). Malgré le sens du mot *"pieds"* dans **Ruth 3:4, 7, 8, 14** - qui pourrait être un euphémisme sexuel - la tactique imaginée par Noémi est à la fois moralement douteuse et coutumière, et très dangereuse. Les préparatifs de Ruth et le choix du lieu semblent indiquer le comportement d'une prostituée. Dans des circonstances normales, si un homme qui se respecte et qui est moralement noble comme Boaz, dormant dans le champ de battage, se réveillait à minuit et découvrait une femme à côté de lui, il la renverrait certainement, affirmant qu'il n'avait rien à faire avec des femmes comme elle. Le fait que Ruth demande à Boaz de l'épouser est tout aussi audacieux du point de vue habituel : une étrangère épouse un Israélite ; une femme s'approche d'un homme ; une jeune femme s'approche d'un vieil homme ; le riche propriétaire implore sa pitié. Au lieu d'être offensé par l'audace de Ruth, Boaz la bénit, la loue pour son engagement envers le bien-être de la famille, l'appelle *"ma fille"*, l'assure de ne pas avoir peur et lui promet de faire ce qu'elle demande. Il l'a déclarée femme honorable (**Ruth**

3:10-13). Cette réponse extraordinaire a été attribuée à l'inspiration de Dieu qui remplissait son cœur.

Dieu agit par des méthodes illicites (Ruth 4:1-12)

Boaz a accepté la demande de Ruth de l'épouser si son plus proche parent renonçait à son droit de le faire. Il n'a pas perdu de temps pour trouver une solution légale à ce problème (**Ruth 4:1-12**). À ce stade de l'histoire, le lecteur sait que rien dans le livre n'est arrivé par hasard, et lorsque sa plus proche parente franchit la porte où Boaz était assis le lendemain, il est clair que c'était la main de Dieu. Si Ruth avait assisté à la procédure judiciaire à cette porte, son cœur aurait été troublé lorsque le puissant a annoncé qu'il allait s'emparer de la terre d'Elimélek. Mais lorsque Boaz lui a rappelé qu'elle devait aussi prendre Walker, elle a changé d'avis et son espoir est revenu. Pourquoi ce changement ? Boaz a répondu qu'il venait de se souvenir d'une obligation légale qui ne lui permettait pas de le faire : *"Je ne peux pas le racheter pour moi, de peur d'endommager ma propriété"* (**Ruth 4:6**). L'excuse est incohérente et peu convaincante, mais elle suffit à Boaz, dont le discours d'acceptation est un modèle de clarté et de logique. Cette affaire aurait facilement pu avoir une issue différente, mais il semble que l'issue ait été dictée par Dieu dès le départ.

Dieu agit par la fécondité de l'enfantement (Ruth 4:13-18)

Dans Ruth 4:13, nous trouvons une deuxième attribution d'événements spécifiquement à la main de Dieu dans le livre (la première se trouve dans **Ruth 1:6**). "*Boaz épousa Ruth, qui devint sa femme, et il alla vers elle. Le Seigneur la conçut, et elle enfanta un fils*". Bien que les mots hébreux pour conception (*herayon*) n'apparaissent qu'en deux autres endroits, **Genèse 3:16 et Osée 9:11**, l'expression spécifique "permet ou accorde la conception" n'apparaît qu'ici. Nous devons interpréter cette déclaration dans le contexte du mariage de Ruth avec Mahlon, qui a duré dix ans et n'a apparemment pas eu d'enfants (**Ruth 1:4**). Après que Ruth se soit rendue fidèlement en Israël avec Noémi, en Boaz pour que Ruth glane dans son champ et fidèlement pour elle en tant que parente rachetée, témoignant à la porte par la foi après la prière de Dieu (**Ruth 4:11-12**), il est clair que Dieu a donné un fils à Ruth juste après le mariage de Ruth et de Boaz. Toutes les entreprises humaines, y compris les relations sexuelles, dépendent de Dieu pour atteindre leur but (**Ruth 4:13-15**).

La naissance de tout enfant est un don de Dieu, mais l'histoire de la naissance d'Obed, le fils de Ruth et de Boaz, est encore plus grande. Il sera le grand-père de David, le plus grand roi d'Israël (**Ruth 4:22**) et l'ancêtre de Jésus le Messie (**Matthieu**

1:5, 16-17). C'est ainsi que Ruth est devenue une bénédiction pour Israël et pour tous ceux qui suivent Jésus jusqu'à ce jour.

Conclusions du livre de Ruth

Le livre de Ruth raconte une histoire puissante de Dieu à l'œuvre, qui dirige les événements partout pour prendre soin de son peuple et, plus important encore, pour atteindre ses objectifs. La loyauté, celle de Dieu envers son peuple et celle du peuple envers Dieu, se manifeste par le travail et la productivité qui en résulte. Les personnages du livre travaillent avec diligence, justice, générosité et ingéniosité, conformément aux lois et à l'inspiration de Dieu. Ils reconnaissent l'image de Dieu dans les êtres humains et travaillent ensemble dans l'harmonie et la compassion.

Les événements du livre de Ruth nous permettent de conclure que les chrétiens d'aujourd'hui doivent reconnaître non seulement la dignité du travail, mais aussi sa valeur. Le travail rend gloire à Dieu, il est un service au monde dans lequel nous vivons, il est un service au monde dans lequel nous vivons. C'est un service rendu au monde dans lequel nous vivons. En tant que chrétiens, nous sommes peut-être habitués à voir la main de Dieu plus clairement dans le travail des pasteurs, des missionnaires, mais leur travail n'est pas le seul travail légitime dans le royaume de Dieu. Le livre de Ruth nous rappelle que le travail commun, comme l'agriculture, est un appel à la foi, qu'il soit accompli par de riches propriétaires terriens ou de pauvres étrangers. Élever une famille est un travail sacré, et toute personne qui peut aider les autres à subvenir aux besoins de leur famille est une bénédiction de Dieu. Toutes les occupations légitimes sont l'œuvre de Dieu. À travers nous, Dieu crée, conçoit, organise, embellit, aide, guide, nourrit, soigne, guérit, donne du pouvoir, informe, orne, enseigne et aime. nous sommes les ailes de Dieu.

Il nous incombe d'honorer Dieu lorsque nous traitons nos collègues de travail avec honneur et dignité, que nous ayons ou non le pouvoir de changer les conditions de travail des autres, ou que nous nous mettions en danger en défendant les autres. Nous vivons notre alliance avec Dieu lorsque nous travaillons pour le bien de nos semblables, en particulier ceux qui sont socialement et économiquement marginalisés. Nous glorifions Dieu lorsque nous pensons aux autres et que nous faisons ce que nous pouvons pour rendre leur travail agréable et promouvoir leur bien-être.

Don't miss out!

Visit the website below and you can sign up to receive emails whenever Sermons Bibliques publishes a new book. There's no charge and no obligation.

https://books2read.com/r/B-A-ZPTY-HXXKC

BOOKS2READ

Connecting independent readers to independent writers.

Did you love *Analiser L'éducation du Travail dans Ruth*? Then you should read *Analiser L'éducation du Travail dans les Livres Historiques*[1] by Sermons Bibliques!

[2]

Ce livre sert de guide à ceux qui veulent approfondir les Écritures. Il contient des principes bibliques pratiques et encourageants qui feront de votre vie professionnelle une œuvre concrète dirigée par la sagesse de Dieu, montrée à travers les livres historiques (du livre de Josué au livre d'Esther) de la Bible. Vous recevrez de sages leçons sur la foi, la justice, les épreuves, la restauration spirituelle et l'éthique chrétienne du travail. Ces vérités sont tirées directement des anciens livres historiques

1. https://books2read.com/u/bOPD8W

2. https://books2read.com/u/bOPD8W

inclus dans les 66 livres canoniques d'une série. Le contenu aide à stimuler un véritable effort et une appréciation de notre propre travail en tant que croyants, caractérisé par : la discipline personnelle, la fermeté et la circoncision du cœur. En appliquant ces connaissances profondes nourries par la Parole de Dieu, vous pourrez développer vos compétences professionnelles sans négliger votre relation spirituelle avec Lui. *Un incroyable outil de sagesse pour les chrétiens et les non-chrétiens !*

Also by Sermons Bibliques

L'éducation au Travail dans la Bible
Analyse de L'enseignement du Travail dans l'Exode: De L'esclavage à la Libération
Analyse de l'Enseignement du Travail dans le Leviticus: L'esprit de la loi à l'œuvre
Analyse de l'Enseignement du travail dans les Nombres
Analyse de l'enseignement du travail dans le Deutéronome
Analiser L'éducation du Travail dans Josué et Juges
Analiser L'éducation du Travail dans Ruth
Analyse de L'enseignement au Travail dans la Genèse
Analyse de L'enseignement du Travail dans le Pentateuque
Analiser L'éducation du Travail dans les Livres Historiques

About the Author

Cette série d'études bibliques est parfaite pour les chrétiens de tout niveau, des enfants aux jeunes en passant par les adultes. **Elle offre une manière attrayante et interactive d'apprendre la Bible,** avec des activités et des sujets de discussion qui vous aideront à approfondir les Ecritures et à renforcer votre foi. Que vous soyez débutant ou chrétien chevronné, cette série vous aidera à approfondir votre connaissance de la Bible et à renforcer votre relation avec Dieu. Animée par des frères aux témoignages exemplaires et à la connaissance approfondie des Ecritures, *qui se réunissent au nom du Seigneur Jésus-Christ dans le monde entier.*

About the Publisher

Editor

Elvis A. Betancourt T. 4135 Stoney Creek Dr., Lincolnton, NC 28092 *elvisbetancourtt@gmail.com*

Contáctenos

Preguntas y comentarios generales: *seminitt25@gmail.com*

9 798223 320081